CONFÉRENCE

Forêt équatoriale et Savanes Congolaises

Par M. le Commandant MOLL

Chef de la Mission française de délimitation du Congo-Cameroun

ROUEN

IMPRIMERIE E. CAGNIARD (LÉON GY, SUCCESSEUR)

Rues Jeanne-Darc, 88, et des Basnage, 5

1909

CONFÉRENCE

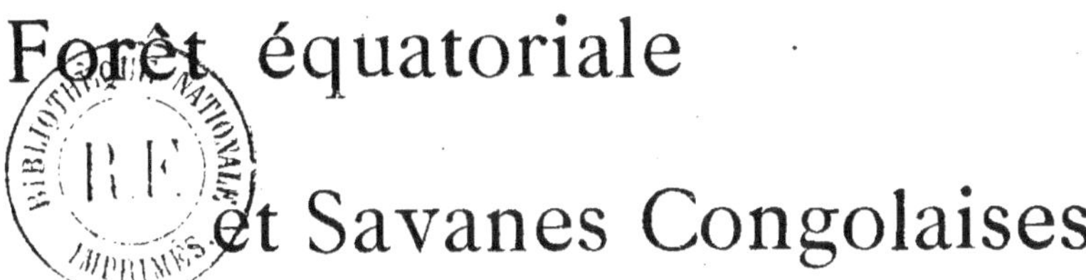

Forêt équatoriale et Savanes Congolaises

Par M. le Commandant MOLL

Chef de la Mission française de délimitation du Congo-Cameroun

ROUEN

IMPRIMERIE E. CAGNIARD (LÉON GY, SUCCESSEUR)

Rues Jeanne-Darc, 88, et des Basnage, 5

1909

Extrait du Bulletin de la Société normande de Géographie

(4e Cahier de 1908 — pp. 183-213)

Séance publique du Mardi 2 Juin 1908

Présidence de M. le Préfet de la Seine-Inférieure, Président d'honneur

FORÊT ÉQUATORIALE ET SAVANES CONGOLAISES

Conférence par M. le Commandant MOLL

Chef de la Mission française de délimitation du Congo-Cameroun

ALLOCUTION DU PRÉSIDENT

Mesdames, Messieurs,

Mon premier mot va être pour remercier le Bureau de la Société normande de Géographie et son aimable et distingué président, M. Layer, pour avoir bien voulu me demander, en ma qualité de Président d'honneur de cette Société, de présider ce soir la conférence faite par M. le Commandant Moll.

Ce n'est pas sans quelque hésitation que j'ai accepté; car, à côté du plaisir de présenter M. le Commandant Moll se trouvaient la crainte, l'appréhension de ne parler, comme il convient, de ce vaillant explorateur, car la conférence que vous allez entendre a un sujet qui éveille tant de souvenirs parmi les bons Français que nous sommes. Et comment parler de ces excursions dans la terre d'Afrique, pour arracher à ces légendes leur signification, sans se rappeler que, depuis trois quarts de siècles, la France joue un rôle prépondérant en Afrique; que, après la conquête de l'Algérie qui a duré cinquante ans, où notre armée a fait preuve de tant de vaillance pendant cette longue période, que cette terre algérienne a été la pépinière de nos officiers les plus distingués et de nos plus vaillants soldats, comment dis-je ne pas se rappeler, en un mot, que la France, poursuivant son extension sur ce continent, a successivement planté son drapeau sur la côte du Sénégal, en Tunisie, à Madagascar, enfin au Congo, comment cette terre a été arrosée, trop souvent, par le sang généreux de nos soldats et que certains excursionnistes français ont en outre aidé, eux aussi, à la conquête pacifique par la conquête des cœurs, par l'ascendant de la civilisation, par le prestige seul qui s'attache au nom français.

Tous ces souvenirs pourraient être évoqués devant vous et pourraient surtout faire l'objet de longues dissertations où vos sentiments patriotiques trouveraient leur compte, mais ils auraient le grand tort de retarder plus qu'il ne convient, le moment où je vais donner la parole à M. le Commandant Moll. Il va vous raconter sa mission, vous dire qu'elles en ont été les surprises, les satisfactions et les périls aussi et vous indiquer comment, sur cette terre d'Afrique, objet des convoitises de toutes les nations de l'Europe, où se sont établies après nous et successivement toutes les grandes puissances qui nous entourent, comment il a pu conjurer un conflit avec nos puissants voisins, avec l'Allemagne ; comment cette mission conduite par lui et la mission allemande, commandée par le capitaine Siegfried, ont pu régler ensemble des questions de délimitation de frontières qui auraient pu amener, sinon un conflit, au moins des divergences de vues.

Nous lui devons donc, à ce titre, une reconnaissance profonde ; car en sauvegardant dans le Sud de l'Afrique, vers les rives du Tchad, sur la frontière du Haut-Congo, en sauvegardant dis-je, avec intelligence les intérêts de la France, il a, en même temps, assuré la paix extérieure, et, à ce titre encore, nous lui devons une sincère reconnaissance pour s'être montré, en même temps qu'un vaillant soldat, un habile diplomate.

Monsieur le Commandant Moll je vous prie de vouloir bien prendre la parole.

CONFÉRENCE

Monsieur le Président,

Mesdames, Messieurs,

Lorsque l'honneur me fut offert de venir vous entretenir de ma mission, j'ai éprouvé tout d'abord un très vif sentiment de fierté, tant je savais le grand intérêt que la Société normande de Géographie, que le commerce rouennais portent aux choses de notre domaine colonial.

Mais après les paroles si éloquentes que je viens d'entendre et vous voyant réunis ici en si grand nombre, je ressens une certaine confusion et je crains de ne pas répondre à votre si flatteuse attente, car les palabres des brousses africaines ne m'ont nullement préparé à me présenter devant l'assemblée d'élite qui veut bien m'écouter aujourd'hui. Au surplus, en vous demandant d'être indulgents, je me permettrai de vous rappeler qu'un soldat, s'il se sent à son aise sur le terrain de l'action, est souvent bien dépaysé lorsqu'il s'agit pour lui de prendre la parole.

J'aurais voulu pouvoir vous exposer à grands traits, mais avec précision et en donnant à chacune sa valeur, les raisons de notre expansion dans l'hinterland congolais, montrer l'avenir des régions que nous avons traversées, le mode d'exploitation qui leur convient, parler des cultures et des productions auxquelles elles se prêtent et traiter enfin de cet autre organe très important, et à tous les points de vue intéressant, de la richesse d'une colonie, je veux dire de sa population.

Mes collaborateurs, à l'énergie, à l'activité et au savoir desquels je me plais à rendre un hommage juste et bien mérité, se sont en effet appliqués à des travaux de tout ordre, de façon à inventorier pour ainsi dire les régions visitées; et, à côté de la partie technique des opérations géodésiques, à côté des recherches scientifiques concernant la géologie, la minéralogie, le climat, les productions, la faune et la flore des territoires parcourus, ils se sont adonnés plus spécialement à l'étude des questions économiques et techniques qui s'y rattachent. Et si je tiens à mentionner plus spécialement ces deux objets de leurs travaux, c'est qu'en matière coloniale ils nous ont paru de toute première importance.

Nous savons tous le rôle important de nos colonies pour nos industries et notre commerce français. Et ce dont nous avons aussi la sincère conviction, c'est que nous ne serions plus Français, nous renoncerions à notre passé magnifique de gloire et de générosité, nous abandonnerions notre belle œuvre civilisatrice que nous avons promenée, avec le drapeau de Lafayette, à travers le monde, si nous ne nous intéressions pas aux peuples qui sont encore dans la barbarie ou dans l'enfance, si nous dédaignions d'étudier leur histoire, leurs origines, leurs mœurs, leurs coutumes, leurs mentalités et par suite les moyens, en les connaissant mieux, de les élever plus rapidement et plus sûrement vers nous et d'ouvrir enfin leurs yeux endormis aux lumières de la civilisation.

Ces collaborateurs dont je viens de vous parler, c'étaient : le lieutenant Mailles, l'enseigne de vaisseau Dardignac, le lieutenant Georg, chargés des travaux géodésiques; le lieutenant Tournier, le garde de milice Lacombe, chargés de la conduite des convois; le docteur Ducasse, M. Brussaux, M. Muston, chargés des travaux d'ordre scientifique et ethnique; les sous-officiers Delingette et Pianelli, chargés des travaux topographiques; l'adjudant Alquier, le maréchal-des-logis Mougeot, chargés des fonctions de secrétaire et de comptable, et deux auxiliaires, les soldats Détourbet et Dan.

J'aurais été heureux et fier de vous exposer, dans leurs détails, tous les résultats de leurs travaux, mais vous avouerez que voilà une tâche bien complète pour un exposé de quelques quarts d'heure; aussi, à mon grand regret, je devrai me borner à un court résumé. J'insisterai d'abord plus particulièrement sur ce qui fut l'objet de notre voyage, sur les origines de cette question de délimitation. Je vous dirai deux mots sur les résultats de la dernière conférence qui s'est tenue à Berlin, je vous entretiendrai aussi de l'organisation de notre mission et je m'appesantirai surtout sur l'aspect des pays ignorés et, pour cette dernière partie de ma conférence, je m'empresse de vous dire que je compte plus sur les photographies que je vais vous montrer que sur mon indigente parole, pour vous donner un aperçu exact des régions parcourues; et je suis persuadé qu'elles vous intéresseront bien davantage que toutes les descriptions que je pourrais vous en faire.

En 1885, une première convention avait fait adopter comme limite des sphères d'influence de la France et de l'Allemagne, le parallèle dit de Campo, qui suit à peu près le 2° de latitude Nord et cela jusqu'au 15° E. de Greenwich. Mais cette convention ne disait rien de la limite orientale du Kameroun, au Nord de ce parallèle.

De 1890 à 1893, différentes missions françaises et allemandes partirent à la reconnaissance des territoires de l'hinterland. Parmi les missions allemandes, nous citerons celles du capitaine Morgen, du Dr Zintgraff, du baron de Gravenreuth, de Mr Ramsay, du lieutenant Von Stetten. Toutes eurent peu de succès et aucune d'elles n'atteignit le véritable but qu'elles se proposaient.

Durant la même période, les missions françaises étaient plus heureuses et, sans pouvoir toutefois reconnaître les immenses territoires qui devaient faire partie du domaine de la France, n'en parcouraient pas moins des itinéraires très développés qui réunissaient le bassin de la Benoué à celui du Congo. Leurs chefs, déjà bien connus de vous : les Chollet, Foureau, Brazza, Mizon, Maistre, Ponel, étaient d'ailleurs de sûrs garants de leurs succès.

Quoiqu'il en soit, les progrès vers l'hinterland, tant des Français que des Allemands, amenaient la nécessité d'un nouveau protocole, qui posât du Sud au Nord une limite entre les sphères d'influence des deux puissances.

Ce fut l'œuvre de la convention de 1894, où les représentants de la France furent M. Haussmann et le lieutenant-colonel Monteil.

En l'absence de données géographiques précises sur des régions pour la plupart inconnues, ce protocole adopta comme frontières des lignes géométriques idéales, tracées le plus souvent suivant des parallèles ou des méridiens géographiques. C'étaient des lignes droites et des arcs de cercle qui ne tenaient aucun compte des divisions historiques, politiques, ethniques, voire même géographiques des territoires qu'ils traversaient.

Aussi, ce protocole de 1894 prévoyait que le partage ainsi opéré était sujet à des révisions successives, à mesure que les données géographiques que l'on possèderait seraient plus nombreuses et plus précises et permettraient de substituer, aux limites arbitraires primitivement fixées, des frontières correspondant à la configuration naturelle du pays et satisfaisant mieux les intérêts, non seulement des deux puissances contractantes, mais aussi, et ce n'est que justice, ceux des populations indigènes dont on dispose trop souvent sans les consulter.

Ce sont donc ces données géographiques, ces précisions que nous sommes allés chercher au Congo. Mais grâce à la solide composition de la mission j'ai pu étendre la zone de nos recherches et de nos travaux bien au-delà de la bande de territoire à travers laquelle doit se mouvoir la ligne frontière. A côté de l'œuvre de délimitation, nous avons fait de l'exploration.

Nous avons opéré pendant 17 mois. Mais je passe d'abord aux résultats que nous avons obtenus par la dernière convention de Berlin, d'avril 1908.

En partant du Nord, nous avons d'abord coupé le « bec de canard ». L'importance de cette coupure est la suivante :

Sur le Chari, en aval de Damtar et sur un affluent du Chari, se trouve en abondance la mouche tsé-tsé qui ne permet pas le passage des troupeaux et il y a des troupeaux en assez grand nombre sur les bords du lac Tchad. La route de Bousso à Tchiaguen, que nous acquérons, dépourvue de tsé-tsé, nous permet d'amener directement les troupeaux du Tchad dans la région riche en pâturages du Logone, où nous voulons faire une zone d'élevage.

Un second point fut la reddition, à la France par l'Allemagne, d'une localité appelée Bindéré. Bindéré avait été occupé indûment par l'Allemagne depuis plusieurs années, malgré les protestations de la France. C'est un point excessivement important c'est-à-dire le seul groupement du Moyen-Congo, habité par des Foulbés, populations musulmanes et pastorales. Nous en avons un très grand besoin pour la mise en valeur des territoires du Logone, puisque nous voulons faire de ces territoires une zone d'élevage.

Nous avons également dégagé l'importante localité de Lamé; la frontière s'infléchit davantage vers le Sud de façon à accroître ce centre d'élevage.

Un peu plus au Sud nous avons cédé à l'Allemagne le triangle Kouboï, Baïbokoum, Yakoundé. Ce territoire ne nous est d'aucune importance; je ne sais s'il rendra service à l'Allemagne, mais à nous il ne nous sert à rien parce que cette zone a été complètement dévastée par les invasions des pillards venus du Logone. Il est dépourvu de toute population et inculte. Plus au Sud nous avons conservé la possession d'un territoire de 10,000 kilomètres carrés aux environs de Koundé et que nous occupions contrairement à l'esprit du traité de 1894, du fait d'erreurs géodésiques antérieures. Ce territoire a pour nous une réelle valeur économique et politique.

Il était prévu que pour le conserver, si les erreurs en question étaient démontrées, nous devions donner à l'Allemagne une compensation équivalente dans la région en question.

Nous avons trouvé cette compensation dans l'abandon d'un territoire de 2,500 kilomètres carrés d'étendue, dans le territoire de la Nyoué, territoire en réalité riche en essences caoutchoutifères, mais pour nous inexploitable, car il est inhabité et constamment inondé.

Sur la frontière Sud, nous avons déterminé des frontières naturelles.

En réalité nous avons acquis, dans la partie occidentale, un terrisoire de 2,200 kilomètres carrés contre l'abandon de 1,800 kilomètres carrés d'un territoire qui est comme le précédent riche en essences caoutchoutifères, mais qui est inexploitable parce qu'il est aussi inhabité et inondé.

On a critiqué cet abandon parce que, disait-on, il donnait un accès très grand à l'Allemagne dans le bassin du Congo et sur les rives de son affluent, la Sanga. Nous n'y avons vu aucun inconvénient parce que l'Allemagne y avait déjà accès par 3 vapeurs de 30 tonneaux qui naviguaient sur le Congo et sur la Sanga.

Et quand même nous estimons que l'avantage qu'elle recevait de ce nouveau fait était illusoire, puisque dans le bassin du Congo les droits de tous les nationaux sont les mêmes. Les Allemands comme les Suédois, les Hollandais, les Italiens y ont les mêmes droits de commerce que les Français.

Au contraire, les 2,200 kilomètres carrés que nous acquérons de ce côté sont sur le versant du Gabon, n'appartiennent pas au bassin du Congo et nous y devenons les maîtres sans restriction. Telles sont les principales lignes de la convention du 8 avril 1908.

Je passe maintenant à l'organisation de notre mission :

Nous étions partis d'Anvers le 28 septembre 1905. Nous avons débarqué à Matadi, pris le chemin de fer belge sur lequel nous avons voyagé pendant deux jours, puis un vapeur de 30 tonneaux qui, à cette époque de l'année, pouvait nous monter jusqu'à Nola, point de départ de nos opérations.

J'insisterai sur la question des convois parce que, en matière coloniale, c'est une organisation qui me paraît de première importance.

Lorsque nous allons lutter contre les indigènes nous emmenons un outillage perfectionné, des méthodes spéciales qui nous permettent de ne rien craindre de l'ennemi, mais ce qui est le plus à craindre c'est de manquer de vivres et de munitions dans ce pays où il n'y a aucun moyen de communication, où les moyens d'existence sont tout à fait différents des nôtres.

Vous verrez d'ailleurs par la suite que ce sont les difficultés de nous approvisionner qui nous causèrent le plus d'ennui. J'avais 15 Européens avec moi; or, il avait été entendu que chaque Européen aurait un litre de vin par semaine, cela faisait 120 caisses à emporter. Aux colonies, les moyens de transport sont, au départ, les bateaux à vapeur, quand il y en a, puis les embarcations indigènes, ensuite les animaux porteurs, quand on en trouve, ou les porteurs. L'on ne sait en tous cas rien, au départ, des moyens dont on disposera. Eh bien! un porteur ne peut guère porter plus de 25 kilogr. maximum sur sa tête.

Nous emportions de la farine pour les Européens. Nous avions une escorte de tirailleurs pour lesquels il fallait emporter du riz, nous avions emporté 2 tonnes de riz.

Nous avions des conserves diverses, des légumes et notre matériel, tentes, tables, lits de camp, nos effets de rechange. Nous avions également notre matériel astronomique.

Cela faisait en tout 600 caisses.

Ce n'est pas tout, dans ce pays, les échanges ne se font pas avec de la monnaie mais avec des marchandises, ce sont des tissus de pacotille, des verroteries et objets divers; de ce fait nous emportions 600 autres caisses. En tout 1,200 caisses qu'il fallait promener depuis Brazzaville jusqu'au Tchad.

Cela alla bien jusqu'à Nola.

Mais bientôt il fallut traverser la zone montagneuse et c'est là que nous éprouvâmes les plus grosses difficultés, il fallut avoir recours aux porteurs. Naturellement un nègre n'aime pas porter 25 kilogr. sur sa tête pendant plusieurs jours. Par mesure d'humanité je n'avais pas voulu emmener de la côte un millier de porteurs que j'eusse condamnés, du fait que je les emmenais à plus de 2,000 kilomètres de chez eux. Je n'avais pas voulu emmener ces porteurs que je savais, par avance, destinés à être essaimés le long de la route, et j'avais préféré employer un moyen qui m'avait toujours réussi dans mes précédentes missions, c'est-à-dire changer les porteurs de village en village, de tribu en tribu. Ce moyen m'avait réussi dans le Soudan, qui est un pays ouvert, les communications y sont faciles et si on a une bonne renommée en partant, on est sûr que cette bonne renommée se propagera.

Il n'en est pas de même au Congo. Au Congo l'état d'hostilité règne de village en village, l'horizon d'un indigène se borne d'ordinaire à un cercle de 50 kilomètres autour de sa hutte et il ne veut pas le dépasser par crainte d'être fait prisonnier et quelquefois dévoré par les tribus voisines;

de plus ces gens sont pour la plupart insoumis et ne connaissent pas l'administration française.

Dans tous les villages c'était toujours la même politique à recommencer, les mêmes difficultés à vaincre; et les porteurs que nous avions réussi à recruter s'échappaient au bout de quelques heures de marche, nous abandonnant avec nos caisses sans moyen de pouvoir continuer; on était alors obligé de recommencer des palabres qui duraient plusieurs jours.

Ces difficultés s'accentuèrent dans la région dont je viens de vous parler; j'avais gagné les bonnes grâces, à force de cadeaux, d'un chef, le chef Baboua, qui administrait une très importante tribu, et ce chef m'avait fourni 600 porteurs qui m'avaient promis de m'accompagner jusqu'à la limite des pays de steppes du Nord, où l'eau est très rare, où il n'y a plus comme nourriture le manioc auquel ils sont habitués et où règne la variole.

Ces indigènes avaient consenti à m'accompagner jusqu'à Ouantounou.

Cela alla bien pendant trois jours et le convoi marchait en trois fractions qui se succédaient à distance d'une demi-étape, mais le troisième jour, comme si un mot d'ordre avait été donné, une panique se produisit, ils s'enfuirent tous, nous laissant en panne; aucun d'eux ne voulut revenir et nous fûmes obligés de rester un mois dans cette région. Ce n'est qu'à force de longs et difficiles pourparlers que les habitants des villages voisins vinrent à nous et nous transportèrent nos caisses jusqu'au Logone.

J'avais eu la précaution auparavant d'envoyer deux de mes collaborateurs sur Léré; depuis Koundé jusqu'à Lamé nous traversions en effet des pays qui n'avaient été visités jusque là par personne.

Ces deux Messieurs franchirent cette région non sans de très grosses difficultés, attaqués à chaque pas ou trouvant les villages évacués par crainte et arrivèrent enfin à Léré.

L'un revint au-devant de nous avec des animaux, le second redescendit sur Laï et nous ramena des embarcations et des baleinières. Léré et Laï avaient été occupés quelques mois auparavant par deux postes français.

La besogne devenait plus facile, malgré que les habitants sur les rives du Logone étaient complètement réfractaires à nos pourparlers, à toute offre de soumission. Nous avons donc pu atteindre Laï avec une facilité relative, de là gagner le Tchad, revenir sur Léré et rentrer en France.

Pendant toute cette marche, tandis que le gros du convoi suivait la ligne dont je viens de vous parler, les divers officiers composant la mission voyageaient par petits groupes, sillonnaient la région et relevaient tous les points importants.

Depuis la Sangha jusqu'au Tchad la frontière ayant une direction générale Sud-Nord, traverse des régions dont l'aspect, la population, le climat changent progressivement à mesure qu'on s'éloigne de l'Equateur. Elle part des pays couverts par l'épaisse végétation de la forêt équatoriale et lavés par des pluies presque continuelles pour aboutir sur les confins du désert, dans des zones sablonneuses, hérissées d'une végétation épineuse et rabougrie où le régime des pluies est peu abondant et que traversent seuls des fleuves alimentés par des sources méridionales et lointaines. Elle visite dès l'abord des peuplades primitives, anthropophages et indépendantes, pour s'arrêter au milieu de populations musulmanes déjà quelque peu civilisées et policées. Elle franchit à de hautes altitudes des terrains montagneux d'où les eaux s'échappent en cascades ou en torrents creusés dans des lits de roc et retombe ensuite dans une vaste région sans relief, peu élevée au-dessus de la mer, où les eaux s'étalent dans de vastes marais, où les fleuves ont des cours indécis et sont appauvris par de nombreuses dérivations.

Nous allons parcourir successivement, mais très rapidement, ces différentes régions. Nous prendrons le moyen de locomotion de l'avenir, d'un lointain avenir. En une heure j'espère vous faire parcourir 2,000 et quelques kilomètres et pour avoir moins chaud nous voyagerons de nuit.

A Brazzaville, chef-lieu du Côngo français, nous embarquerons sur un petit vapeur de la Compagnie des Messageries fluviales, vapeur de 30 tonneaux qui, en douze ou quatorze jours, nous amènera à Nolà, chef-lieu de la région administrative de la haute Sangha. Ceci est encore possible en novembre, mais ne l'est plus un mois plus tard, au moment de la baisse des eaux de la Sangha.

Nous sommes ici au point de départ de nos travaux, en pleine forêt équatoriale, à travers laquelle la Sangha serpente majestueusement entre des rives inondées et monotones.

Les habitants des quelques villages qui s'accrochent aux lambeaux de terre émergés sont les Goundis et les Pandés. Ces gens sont soumis et reconnaissent l'autorité de l'administration française.

Mais à l'Ouest, entre la Sangha et la frontière allemande, s'étend une région qui, lors de notre arrivée, était encore inexplorée, peuplée de tribus guerrières non soumises et hostiles, et qui avaient toujours annoncé qu'elles s'opposeraient à l'arrivée des Européens chez elles.

A force de pourparlers difficiles à entamer, grâce également à l'audace et à la fermeté des officiers qui me secondaient, j'obtins, au bout d'un mois, la soumission des deux principales tribus; les autres suivirent le mouvement. Tous ces gens étaient surtout défiants. Lorsque le lieutenant Georg, mon envoyé auprès de Likapota, l'un des deux principaux chefs du Mbiémou, se présenta sur le territoire de sa tribu, il n'avait avec lui que 5 tirailleurs indigènes d'escorte. Il trouva, pendant toute une étape, tous les villages complètement évacués et, lorsqu'il arriva à la résidence du chef, tous les guerriers de la tribu, au nombre de 500 environ y étaient rassemblés en armes, la plupart munis de fusils à pierre ou à piston, dont le chien était relevé et prêt à partir. Toute cette horde était silencieuse, rangée sur deux lignes de chaque côté de l'unique et droite rue du village. A la première tentative du lieutenant pour entrer en conversation, personne ne répondit. Prenant son parti d'aller lui-même jusqu'au chef, qu'il supposait placé à l'autre extrémité de la rue, il laissa ses 5 tirailleurs en arrière et seul, sans armes à la main, il marcha entre cette haie de sauvages qui, étonnés, le regardaient sans bouger.

Le lendemain, le lieutenant me ramenait tous les chefs et notables de la tribu et des tribus voisines, qui venaient se soumettre dans un palabre solennel.

Tous ce pays du Mbiémou est couvert de l'épais manteau presque impénétrable de la grande forêt, où les sentiers mal tracés disparaissent sous l'enchevêtrement des lianes, grimpent au flanc des collines abruptes pour, à chaque instant, redescendre glissants dans des rivières torrentueuses ou dans des ravins vaseux. Pas de grosses agglomérations d'habitants, mais des hameaux disséminés, cachés au fond des vallées, dans de minuscules clairières et presque inaccessibles à qui ne connaît pas tous les détours de la mystérieuse forêt. Une race âpre et rude y vit sous de primitifs abris. Ce sont des hommes bien découplés, aptes à la guerre d'embuscade, habiles à se glisser parmi les fourrés les plus denses, à escalader les abatis naturels formés en travers des chemins par la chute des vieux arbres géants et le lacis de lianes qu'ils supportaient. Et, à côté de cette race forte, une autre race presque de pygmées, plus agile encore, celle des Babingas, nains exercés à la chasse, tueurs d'éléphants, se glissant sous les pas de l'énorme bête pour lui crever l'abdomen d'un coup de sagaie et le suivant des jours entiers jusqu'à ce qu'il meure; grimpant au sommet des arbres où ils font quelquefois leurs nids — je veux dire leurs demeures — ayant l'adresse et l'instinct des singes, s'abritant dans les fourrés, vivant sous des abris de fortune; nomades, ils sont les gnomes de la forêt, toujours là et toujours invisibles. Ils chassent pour le compte des autres habitants de la forêt dont ils sont en quelque sorte les clients, mais ils ne manquent jamais de viande et ne tuent pas les gorilles, dont ils se prétendent les proches parents.

Dans cette forêt, fouillis inextricable de grands arbres, d'arbustes, de platanes et de lianes de toutes sortes, rarement traversé par les rayons du soleil et sous lequel règnent une demi-obscurité et une humidité à peu près perpétuelles, vivent surtout des éléphants en assez grand nombre, des gorilles aux mâchoires et aux mains puissantes, et des sangliers et antilopes de petite race. Les essences caoutchoutifères sont abondantes. On y rencontre en particulier le « Funtumnia élastica » ou Ireh.

Nul doute que cette région, nouvellement ouverte à notre commerce ne soit pour lui la source d'une profitable exploitation. J'ai récemment appris, d'ailleurs, qu'une factorerie de la Société de l'E. K. S. y avait été installée peu après notre passage.

Au sortir de la forêt, nous atteignons le pays Baya, la région de la brousse et de la savane. La brousse, c'est le steppe herbeux, avec, par ci, par là, un arbre rabougri et tordu, au tronc et aux branches noircis par l'incendie annuel. Les arbres y atteignent deux, trois et quatre mètres de hauteur et couvrent à perte de vue les vallonnements du terrain. Dans la savane, les hautes herbes recouvrent aussi le sol de leur uniforme manteau, mais les arbres deviennent plus grands et plus nombreux. Presque régulièrement espacés, ils donnent au pays l'aspect d'un immense verger. Le pays est très irrigué. Non seulement de nombreux ruisseaux mais de larges et belles rivières le sillonnent. Aux creux des vallées, d'étroites bandes de forêts ombragent les rives des cours d'eau, et, pour l'observateur placé sur un sommet, marquent d'un trait sombre sur le fond plus clair des herbes les larges courbes que décrivent les thalwegs.

A mesure qu'on monte vers le Nord, le terrain s'élève pour atteindre parfois des altitudes de 1,000 à 1,500 mètres. Les vallées deviennent plus profondes et plus encaissées, les collines font place à des montagnes rocheuses et l'on se trouve dans une véritable petite Suisse africaine, sans névés ni glaciers, mais avec des sites admirables; pays de torrents et de cascades écumant entre des murailles de granit, d'amoncellements rocheux surplombant des pentes abruptes et tapissées d'herbes courtes qui feraient d'excellents pâturages. Les indigènes, sommairement vêtus de peaux, armés d'arcs et de sagaies, nous regardent passer du haut des crêtes où une crainte injustifiée les a fait se réfugier, et se lancent des appels incessants, à l'aide de sons rauques, tirés à plein souffle d'une corne d'antilope.

Voilà, n'est-il pas vrai, un spectacle bien fait pour dérouter nos conceptions sur l'Afrique brûlée, aux déserts roux et aux oueds desséchés. Bien souvent, lorsque nous cheminions sur les crêtes, nous marchions dans le brouillard et l'humidité glaçait nos épaules. Et sur nos têtes le ciel restait uniformément gris. C'était d'ailleurs le cadre qui convenait à nos préoccupations et aux difficultés de toutes sortes au milieu desquelles nous avions à nous débattre. Mais un rayon de soleil venait-il à percer les nuées, les noirs escarpements rocheux prenaient des teintes roses, la vapeur des cascades s'irrisait de nuances tendres et la ligne déchiquetée et bleuâtre des montagnes lointaines nous apparaissait plus accueillante; nos soucis s'envolaient et nous reprenions confiance dans le succès.

Et nous arrivons ainsi au nœud orographique qui se trouve à la tête des bassins côtiers du Kameroun, du bassin de la Sangha, de l'Ouahm et du Logone, massif dont les monts Dé sont le promontoire oriental.

Région des plus intéressantes : partout des montagnes rocheuses, tourmentées, offrant à l'œil surpris des amoncellements de blocs de granit juchés bizarrement les uns sur les autres, à position d'équilibre comme s'ils étaient prêts, au moindre choc, à rouler et dégringoler en effroyables avalanches; les uns en formes de boules sur d'immenses dalles horizontales; d'autres d'allures diverses, au dos arrondi et ressemblant à des monstres accroupis sur ces tas de pierres géantes; d'autres encore suspendus au flanc des pentes et ne paraissant rester en place que par prodige. Et, dans ce chaos rocheux, des trous, des fissures donnent accès, par de longs dédales où l'on glisse, où on se laisse tomber pour avancer, où l'on rampe et où l'on grimpe à des refuges obscurs et humides, connus des seuls habitants, où ceux-ci cachent des approvisionnements et se réfugient à la moindre alerte. C'est qu'ils ont été souvent menacés par les chasseurs d'esclaves venus de l'Adamoua. Leurs huttes sont construites aux flancs des massifs ou des pitons isolés; leurs plantations sont dans la plaine, au bas des pentes,

Au premier signal, tout le monde, hommes, femmes, moutons et cabris, gagne pêle-mêle les retraites souterraines; et, posté derrière des blocs de pierre, à chacune des nombreuses fissures de la masse rocheuse, un homme armé de flèches et de sagaies guettera, pour le frapper au passage, le pillard qui osera s'aventurer jusque sur les pentes où les fugitifs ont trouvé leur salut.

J'ai comparé avec raison ces amoncellements de rocs à des tas de pierres géants. Entre leurs interstices poussent des arbres contournés, là où les eaux n'ont pas encore entraîné toute la terre.

Quelquefois, sous l'action des agents atmosphériques ou des acides humiques, de nouvelles fissures se produisent et déterminent de nouveaux éboulements qui entraînent souvent la mort de nombreux individus.

Le pays, relativement peuplé jusqu'à la hauteur de l'Ouahm, le devient moins entre l'Ouahm et la vallée du Logone. Les habitants appartiennent encore à la race baya, mais s'en écartent déjà par quelques particularités du langage, des mœurs, des traits, des tatouages. Ils sont plus sauvages et moins doux que les Bayas du Sud.

Tout d'abord, comme je tiens à ce que ceux qui ont été à la peine soient à l'honneur, je vous présente deux des soldats indigènes de notre escorte. Ils appartiennent à cette magnifique race de soldats que nous a donné le Soudan, et qui ont été les merveilleux auxiliaires de notre œuvre de domination et de colonisation en Afrique occidentale et en Afrique centrale, au Congo, à Madagascar. Notre escorte se composait de 27 braves de ce genre. Morcelés en plusieurs détachements, ils nous ont servis avec le zèle, le dévouement et l'attachement le plus complet ; et, lorsque nous nous sommes séparés d'eux, à Léré, nous fûmes profondément émus de les voir venir, les larmes aux yeux, nous presser les mains.

Le village ngoundi de Nola fut le point de départ de nos travaux. Les huttes basses et rectangulaires, alignées sur la rive de la Sangha, sont construites en écorce de ficus et couvertes d'une toiture faite de feuilles. C'est l'habitation des peuples de la forêt, qui les protège contre le vent et les ouragans.

Les femmes ngoundis ont les dents à la mode du pays, taillées en pointe. Les bracelets qu'elles portent aux bras et aux chevilles sont faits de fil de laiton enroulé. Les colliers sont composés de perles, de verroterie et de dents de chien. Le laiton et les perles sont importés par les factoreries.

Les Ngoundis habitent les bords de la rivière. Ils sont forts, guerriers anthropophages. A côté d'eux vivent les Pandés, petits, simples et doux, non anthropophages, population tranquille de pêcheurs.

Avant notre arrivée dans le pays, les Fandés étaient la proie des tribus anthropophages de l'intérieur, qui les appelaient « La petite viande de la rivière ».

Les femmes ngoundis sont vêtues d'un petit tablier de cuir par derrière. Elles en ont autant sur le devant. Les plus élégantes sont coiffées d'une peau de singe. Elles dansent en rond, face au centre du cercle, en agitant vigoureusement les épaules et les bras. Au milieu d'elles, deux musiciens jouent du talafou, dont les caisses de résonnance sont faites de calebasses allongées.

En amont de Nola, à Bania, la rivière est barrée par des rapides. Nos bagages étaient transportés en pirogues. Quand il s'agit de leur faire franchir par voie de terre les 7 kilomètres qui nous séparaient du bief supérieur, des femmes, désireuses de gagner quelques perles, vinrent se présenter en grand nombre pour transporter nos bagages, et protester contre un arrêté récent du Commissaire général qui interdisait le portage par les femmes. Elles alléguaient qu'elles étaient habituées à des travaux plus pénibles et voulaient à toute force gagner de quoi satisfaire leur coquetterie. Nous en avons profité pour les photographier, de face et de dos.

Là, nous quittons la rivière et pénétrons dans la forêt du Mbiésmou. Nos porteurs déposent leurs charges dans l'avenue d'un village où nous allons camper. Beaucoup de bananiers qui fournissent, avec le maïs et le manioc, la base de la nourriture des indigènes.

Les indigènes du Mbiésmou viennent se soumettre. Venus en armes de tous les points de la forêt, ils assistent à un palabre de soumission, dans une toute petite clairière bordée d'arbres géants. Ils écoutent dans le plus grand recueillement la parole du chef blanc qui leur trace, à grands traits, les nouvelles obligations qu'ils acceptent.

En avant d'eux, se tient leur chef Ngobaco, n'ayant pour tout vêtement qu'un feutre provenant de quelque factorerie des territoires voisins. Sa femme favorite l'a accompagné et, humblement, lui a lavé les pieds avant qu'il prenne place sur la natte qui avait été disposée à son intention. A sa droite, est accroupi son conseiller intime. Il dira, tout à l'heure, dans un langage imagé, qu'il sera désormais soumis comme une poule, docile comme un cabri, fidèle comme un chien.....

Au sortir de la forêt, nous entrons dans le pays de la brousse et de la savane. Les hautes herbes forment la dominante de la végétation.

Les villages sont en général étendus sur le dos arrondi des collines.

Les cours d'eau sont presque tous dans de profonds ravins et coulent en torrents.

Actuellement, grâce aux forêts qui les bordent, ces ravins sont comblés peu à peu par les dépôts amenés tous les ans et arrêtés par les racines enchevêtrées des lianes et des arbres. En beaucoup de points, les terres bordant les cours d'eau, non tassées, forment des marais.

Quelques-uns de ces cours d'eau sont très larges. Tels le Mambéré, le Kadeï, la Nana, les deux Boumbé. La caractéristique de toutes ces rivières est qu'à quelques kilomètres de leur source, elles sont déjà très profondes et très larges. Leur débit d'eau, qui est énorme pendant la saison des pluies, est minime en saison sèche.

On les traverse soit avec une petite pirogue, ce qui est très long, soit sur des ponts de fortune. Parmi ceux-ci il faut citer les ponts de lianes faits de lianes qui descendent des arbres de la rive et savamment tressées en un filet qui forme un pont suspendu et très remuant.

Le pays est très accidenté et l'on rencontre partout de nombreux affleurements de roches, grès rouges, grès micacés, grès quartzeux, quelques granits gris et de nombreux minerais de fer.

De nombreuses roches, placées comme en équilibre instable, surplombent parfois des amoncellements pierreux. Les sommets et les flancs des montagnes sont, depuis le 5° N., complètement dépourvues de forêts. Les eaux des pluies ont entraîné l'humus dans les fonds où se trouvent les cours d'eau. C'est là qu'on trouve des forêts, grâce à l'énorme quantité de terre végétale apportée, et c'est dans ces forêts qu'on trouve les arbres et les lianes à caoutchouc en abondance. C'est également sur le bord de ces cours d'eau qu'il est permis d'espérer qu'on pourra cultiver avec succès et en abondance le coton. Nous avons, en effet, trouvé du coton dans la région poussant vigoureusement, quoique non soigné. Les graines y avaient été apportées par des Haoussas venus du Nord. Et nous-mêmes, avec des graines qui nous avaient été remises par l'Association cotonnière coloniale, avons fait des expériences qui nous permettent de bien augurer des tentatives qui ne manqueront pas d'être faites ultérieurement.

Chaque année, vers la fin de la saison sèche, les Bayas mettent le feu aux herbes des savanes pour leurs grandes chasses et pour tuer les insectes et les tiques.

C'est ainsi qu'ils chassent l'éléphant, l'attendant à des passages obligés. Ils en tuent chaque année un grand nombre. Ils tuent aussi les rats, les belettes et tous les petits animaux. Le Baya, très friand de viande, mange celle de n'importe quel animal, fût-il très faisandé.

Après l'incendie, il ne reste qu'un paysage d'hiver. Les arbres sont sans feuilles mais noircis, et une sorte de neige noire, faite de cendre, couvre uniformément le sol.

La race baya qui habite ce pays est une des plus nombreuse du Congo français.

Le Baya est plutôt petit, bien musclé, agile. Il a les attaches fines, les mains et les pieds petits. Il a la démarche souple, élégante. C'est un montagnard, un coureur, un chasseur. Il adore la savane et ses grandes herbes dans lesquelles il se glisse comme un serpent et où il se fait invulnérable et insaisissable.

Armé de ses trois sagaies qu'il manie avec adresse, son couteau à la ceinture, sans autre costume qu'un morceau d'étoffe serré entre les jambes, le Baya court tout le jour à travers la brousse, suivant les étroits chemins ou les pistes d'animaux, toujours attentif, l'oreille au guet, voyant tout avec ses yeux d'aigle, distinguant le gibier au milieu des herbes à des distances inouïes, rampant jusqu'à portée de sagaie et se détendant comme un ressort pour rarement manquer son but.

A mesure que l'on va vers le Nord, dans la direction de l'Adamaoua, on constate chez les Bayas l'influence musulmane des Haoussas et des Foulbés. Les chefs portent des vêtements, des burnous ou des boubous flottants, des pantalons bouffants, des bonnets piqués, des turbans peints à l'indigo.

Les femmes portent des pagnes. La population subit l'influence des peuplades plus civilisées du Nord-Ouest. L'anthropophagie disparaît. Les cultures augmentent et aussi le goût du luxe et de l'apparat. Mais cela ne va pas sans inconvénient, car les hommes vendront leurs femmes pour acheter un sabre avec baudrier à glands et leur fils pour avoir un cheval.

Les chefs construisent les murs de leurs habitations à la mode du Soudan, en pisé et très élevés, cherchant à imiter ainsi les murs du tate du chef de Ngaoundéré, lequel n'a fait d'ailleurs qu'imiter les murs des grandes villes du centre africain : Kano, Zuider, Katséna, Hadeidja, etc. Toutes ces villes ont en effet des ceintures d'épaisses murailles de pisé. Celles de Kano, qui ont 24 kilomètres de tour, ont 12 mètres d'épaisseur à la base et 10 à 15 mètres de hauteur.

Comme tous les peuples de pays découvert, les Bayas ont adopté la case ronde à toit conique qui résiste mieux au vent et est plus facile à rendre imperméable aux pluies que les cases à surfaces planes.

Le costume national de la femme baya se compose d'une ceinture de perles à laquelle on suspend, derrière et devant, un bouquet de feuilles d'arbre que le bois voisin fournit à nouveau généréusement chaque matin.

Les femmes bayas sont toujours en train de rectifier la position de leurs feuilles; elles sont obligées de les retenir quand elles se baissent pour entrer dans une case, ou de les plier quand elles veulent s'asseoir.

C'est pour elles une occupation ou un tracas continuels. C'est le retroussis de la jupe en Europe. Cela donne une contenance.

La femme baya travaille continuellement. Elle travaille aux plantations sous la protection de son mari, qui l'accompagne avec ses armes. Elle prépare la nourriture, fabrique la poterie, la vannerie, tous les ustensiles de ménage, s'occupe des enfants.

Elle accepte facilement d'autres femmes de son mari, car toutes travaillent ensemble et s'entraident sans jalousie ni rivalité.

Du reste, la jalousie n'existe pas au pays baya. Un homme tient à sa femme, car il l'a payée, et c'est une valeur et une force dans son ménage; mais les infidélités le touchent peu. Si on lui prend sa femme, il cherche à la reprendre comme nous essaierions de reprendre un cheval volé, mais il ne s'occupe pas de ce qui a pu se passer pendant l'absence. Il faut d'ailleurs croire que les infidélités sont fréquentes.

Il est un adage baya qui dit ceci : « Quand tu as tué du gibier, prends ta part avant que les oiseaux de proie prennent la leur. Quand tu as pris femme, fais de même et devance tes voisins ».

Il y a aussi certains rythmes et certains chants connus, de signification convenue, que la femme emploie pour prévenir son complice quand celui-ci, venant au rendez-vous convenu, risque d'y rencontrer le mari qu'on n'a encore pu éloigner.....

Sur la rive gauche de la Nana on trouve des femmes portant dans la lèvre supérieure une rondelle de bois de la grosseur d'une pièce de deux francs.

La déformation de la bouche la fait ressembler de profil à un bec d'oiseau. Nous retrouverons cette coutume plus accentuée encore chez les Lakas.

La femme baya est bonne mère, aime ses enfants et ne les quitte pas pendant leur bas-âge. Elles portent leurs enfants à cheval sur la hanche, souvent elles se font un baudrier en peau pour le soutenir et le fixer contre elles, de manière à avoir les mains libres pour travailler. Elles allaitent l'enfant très longtemps, même quand il court et qu'il mange.

Etant petits, les enfants ont tous un gros ventre. Cela viendrait, paraît-il, aussi souvent de l'inflammation de la rate et du paludisme que de maladies d'intestins occasionnées par la mauvaise nourriture.

Le Baya est très industrieux. Une de ses principales industries est celle du fer, dont on trouve abondamment le minerai dans le pays, et principalement dans la région de Gaza. Il traite ce minerai dans des hauts-fourneaux qui rappellent assez les forges catalanes.

Avec des forges toutes rudimentaires il fabrique lui-même ses couteaux, ses armes et ses outils.

Son outil favori est une hachette, qu'il ne quitte pas et dont il se sert constamment pour abattre les arbres et tailler le bois dont il a besoin.

L'herminette est aussi un outil de sa fabrication. Il l'utilise pour tailler des calebasses à plein bois, des plats en bois, des mortiers à manioc, des tam-tam.

L'art de la poterie est réservé aux femmes, qui obtiennent de très jolies jarres. Elles se servent d'argile mélangé de sable fin et elles construisent à la main tous les objets, même les grandes jarres de plus d'un mètre de hauteur. Les marmites, qui ont été garnies de dessins avant la cuisson, sont, après la cuisson, polies avec un galet et noircies avec du graphite que l'on trouve dans le pays. Ces jarres servent à contenir les provisions (grains et farine de manioc), et sont rangées et superposées à l'intérieur des huttes.

La femme baya est experte dans l'art de la vannerie. Parmi les ouvrages qu'elle fabrique sont des claies en forme de panier, qui lui servent à prendre le poisson dans les endroits herbeux des rivières.

Les principaux instruments de musique des Bayas sont le tam-tam ou tambour et la cloche double, sur laquelle on frappe à l'aide d'un marteau fait d'une boule de caoutchouc emmanchée au bout d'un bâton.

Jamais un chef ne sort sans ses tambours, dont le nombre est un signe de leur puissance.

Les Bayas jouent également d'un instrument original, espèce de harpe dont le son est presque semblable à celui de la guitare. Il se compose d'une nervure de palmier, bois dont on détache des bandes étroites d'écorce qui seront les cordes. Ces cordes ne sont détachées qu'au milieu, passent à différentes hauteurs sur les crans d'un chevalet et restent attachées au bois aux deux bouts.

Comme caisse résonnante, une calebasse coupée en deux est fixée du côté opposé au chevalet. La harpe a quatre cordes.

Pour en jouer, on la tient horizontalement, la calebasse appuyée contre la poitrine, et on joue des deux mains.

Les Bayas n'ont pas le culte des morts. Néanmoins ils célèbrent les funérailles des défunts avec un certain faste. La cérémonie consiste spécialement en danses et festins. C'est de cette façon que ces primitifs manifestent leurs joies comme leurs peines.

Pour les obsèques du chef d'un gros village, les femmes, peintes en blanc, avec du manioc ou du kaolin, dans le cortège qui s'agite, sont les veuves du défunt. En toute autre circonstance plusieurs d'entre elles seraient déjà égorgées, découpées et mises au feu dans la marmite. Mais j'ai défendu que la coutume soit observée et j'ai donné deux bœufs en échange pour le festin des funérailles, ce qui n'a, par parenthèse, attiré personne. Ceci n'empêchera pas que, huit jours après mon départ, le festin sera consommé quand même.

Ces anthropophages préfèrent donc la chair humaine à toute autre nourriture. Néanmoins ils élèvent des chèvres et des brebis. Ils n'ont pas de gros bétail, bien que les bœufs pussent parfaitement vivre chez eux. Ils ont de superbes terrains de pâturages; mais ils ont encore peur des razzias de leurs voisins. Il est à présumer que cette crainte ne tardera pas à disparaître.

Ils élèvent aussi des chiens, soit pour la chasse, soit pour les manger. Nous voyons ici deux femmes bayas allaiter deux pauvres petits chiens dont la mère a été dévorée par l'hyène. Elles ne veulent pas perdre le bénéfice qu'elles attendaient des jeunes chiens devenus grands, c'est-à-dire bons pour chasser ou bons à manger.

Avant de quitter le pays baya, je tiens à rappeler que la région que nous venons de parcourir est éminemment riche en caoutchouc. Le *Funtumnia elastica*, les lianes et le rhizome, appelé caoutchouc d'herbes, s'y rencontrent en abondance. Leur fréquence va, il est vrai, en diminuant à mesure qu'on s'avance vers le Nord. On rencontre toutefois la liane jusqu'au pays laka, où nous allons pénétrer tout à l'heure au-dessus du 9e parallèle.

Le pays baya est en outre éminemment propre à l'élevage. Nous y avons promené pendant quatre mois un troupeau que nous avions été acheter à Ngaoundéré. Le troupeau s'est admirablement comporté.

Le climat est sain. Des cultures très variées peuvent y prospérer. Nous avons la conviction que le coton y viendra à merveille. Dans une région voisine et en tout point semblable à Koumbé, un agent de factorerie cultivait avec succès du blé dur d'Algérie, de l'orge, du riz dur de Mandchourie; il soignait avec d'heureux résultats des orangers, grenadiers, manguiers, citronniers, goyaviers, cerisiers de Cayenne, etc.

Cette région promet donc un bel avenir aux Sociétés dont les concessions se partagent son territoire, si elles savent l'exploiter rationnellement et tirer parti de toutes les sources de richesses qu'il renferme.

Au sortir du pays baya, nous avons pénétré dans le pays laka. Nous appellerons ainsi la région comprise entre Logone et la frontière allemande. On se sert du nom générique de Laka pour désigner toute une race d'indigènes qui se subdivise en une quantité de groupements indépendants les uns des autres. Ils sont semblables comme type, comme mœurs, comme vie, mais parlent des langues différentes.

Cette race, encore complètement sauvage, est entourée par des peuples plus civilisés : Foulbés, Mboums, Arabes, Baghirmiens.

Elle a été peu pénétrée par les étrangers, qui devaient organiser de fortes colonnes pour venir exercer chez elles leurs razzias, leurs déprédations.

Le pays laka a été longtemps et est encore le territoire de chasse à l'esclave des peuples musulmans voisins. Mais, grâce à ses qualités prolifiques, la race laka résiste à toutes les causes de destruction.

Le pays laka est un pays de grandes plaines à peine ondulées, de terrains sablonneux, siliceux, quartzeux, granitiques. Il renferme de nombreux gisements de fer. Pas de sources, pas de cours d'eau permanents. Les eaux de pluies forment les rivières pendant l'été; l'hiver les plateaux sont à sec, à part de nombreuses mares dans les bas-fonds et les bords du Logone et de quelques étangs. Toute une partie du pays, au Nord-Est et surtout les bords du moyen Logone, sont sous l'eau une partie de l'année. Les villages construits sur les points les plus élevés forment des îles.

Le sol est tantôt couvert d'un monotone manteau d'herbe, tantôt d'une forêt claire, dont les arbres peu élevés appartiennent généralement au genre mimosa et ficus. Le pays est, en somme, un immense pâturage sur lequel vivent de nombreuses variétés d'herbivores : éléphants, rhinocéros, girafes, buffles, antilopes de toutes sortes, autruches même et chameaux sauvages. Je crois n'avoir jamais, dans mes voyages, rencontré de pays de chasse aussi merveilleux. Nous y avons rencontré des troupeaux de plus de 100 éléphants, des bandes de 40 girafes. Nous donnions chaque jour à nos hommes de la viande d'antilope et de bœuf sauvage, autant et plus qu'ils ne pouvaient en manger. Dans un pays aussi giboyeux, les fauves abondent : lions, panthères, guépards, léopards, hyènes, etc. Bien souvent nous nous endormions en entendant le rugissement des lions, contre lesquels nous protégions notre troupeau par des feux allumés toute la nuit.

A la saison sèche, les bas-fonds où se trouvent les étangs et les mares sont couverts de prairies d'herbes fines où se réfugient tous les animaux.

Ce pays, où vivent tant d'animaux sauvages herbivores est, on le conçoit, éminemment propre à l'élevage.

Nous verrons d'ailleurs tout à l'heure que, dans sa partie Nord, entre le 9° et le 10e parallèle, il existe plusieurs milliers de tête de gros bétail. Ce n'est pas assez; l'ensemble de la région pourrait en nourrir des centaines de mille et servir ainsi de réservoir d'alimentation à tout le Congo. Les pays forestiers du Sud manquent en effet de bœufs. En élever au pays laka et les importer dans le bassin du Congo serait le meilleur moyen d'améliorer les conditions d'existence de l'Européen et de l'indigène et de contribuer à la suppression du cannibalisme. Les routes, les moyens de communication sont tout trouvés. Nous avons suivi d'excellents chemins sur lesquels s'égrènent des chapelets de beaux villages et, par les chemins, nous avons renvoyé sans escorte des porteurs et des employés qui nous avaient suivi depuis le pays baya. Avec leurs économies, ceux-ci avaient acheté à très bon compte une grande quantité de bœufs et de chevaux qu'ils ont ramené dans la région de la Sangha, et dont ils ont dû tirer de forts beaux bénéfices.

Pour vous en donner une idée je n'aurai qu'à vous dire qu'un bœuf, qui vaut une vingtaine de francs sous le 10e parallèle, se vend 150 francs dans la Haute Sangha, et qu'un cheval laka de 20 à 30 francs, à Laï, acquiert un prix de 100 à 150 francs à Koundé et à Carnot.

On voit immédiatement le rôle que peut jouer le pays laka dans le développement économique du Congo. Mais pour favoriser ce rôle il faut d'abord donner la sécurité à cette région si défiante, si souvent troublée par les incursions des pillards voisins. Il faut ensuite y développer l'élevage. Nous trouverons, pour ce faire, de précieux auxiliaires dans une population agricole laborieuse, de race solide et vigoureusement constituée.

La région pourra encore nous donner du coton et du caoutchouc. Jusqu'au 9e parallèle on rencontre la liane sur le bord des cours d'eau. Enfin, pendant la saison des pluies, le régime fluvial et la disposition des cours d'eau facilitent les communications.

Pendant plusieurs mois de l'année, le Logone est navigable depuis le confluent de la Mombéré, et, pendant deux ou trois mois, des pirogues et des baleinières peuvent naviguer sur le Tengilé, affluent du Logone, et sur le Kabbia, important affluent du Toubouri.

Notre œuvre devra se poursuivre méthodiquement et sans une hâte qui ne ferait que compromettre le succès. La partie la plus délicate sera la conquête pacifique et morale de l'indigène. Ceci fait, le reste ira tout seul.

Le Logone se traverse à Ngomi, à 14 kilomètres de la frontière. Nous sommes au commencement de la saison des pluies. Le fleuve est guéable ; mais dans quelques jours il sera profond de plusieurs mètres et débordera sur la rive.

Venu du territoire allemand, des environs de Ngaoundéré, après avoir traversé le territoire français sur un parcours d'environ 450 kilomètres, il rentre en territoire allemand et coule ensuite dans une immense plaine sans horizon. Toutes ses rives sont basses; son cours est encombré de bancs de sable, et sur ces rives et sur ces bancs de sable se pressent de nombreux et populeux villages d'agriculteurs et de pêcheurs. Nous avons descendu le cours du Logone, de Baïboko jusqu'au 10e parallèle, entre des berges couvertes de hautes herbes et de roseaux, peu boisées et sur lesquelles s'étalaient, rapprochées les uns des autres, les villages dont je viens de parler.

Partout c'est une fuite précipitée à notre approche. Habitants dans les îles ils se sauvent en pirogues. La baleinière va plus vite. Nos pagayeurs s'excitent, et ce sont des rires et des cris de joie quand les fuyards rattrapés s'aperçoivent qu'ils n'en sont que pour la peur.

Cependant, j'ai dû envoyer un convoi par terre. Calme et sang-froid. Pas d'effusion de sang.

A mesure qu'on descend le fleuve, on constate une population riveraine de plus en plus dense; mais les rives deviennent si basses, les îlots et les bancs de sable si nombreux, qu'on croirait naviguer sur des lagunes. Sur les bancs de sable paraissent au soleil d'innombrables bandes de canards et de pélicans, qui semblent suivre d'un œil intéressé les ébats des hippopotames dont les têtes émergent et disparaissent tour à tour de la surface lisse des eaux.

Le Toubouri est une vaste dépression marécageuse qui reçoit la plus grande partie des eaux de la plaine laka qui ne vont pas au Logone.

Il est alimenté par deux affluents importants, le Kabbia et la dépression de Forkumaï-Fienga.

Il déverse son trop plein dans le Mayo-Kabbi, qui nous mènera tout à l'heure chez les Moundans.

La population est également très dense aux abords du Toubouri. Je crois n'avoir jamais, en Afrique, sauf au Lagos et dans le Bas-Dahomey, rencontré de populations aussi denses que celles vues sur les rives du Logone ou du Toubouri.

Les fermes sont en général composées de deux ou trois cercles de cases concentriques, au milieu desquelles un vaste espace découvert est l'emplacement des greniers à mil et des troupeaux pendant la nuit. Dans la journée, c'est le lieu de rassemblement des travailleurs. Une forte palissade entoure la ferme et la porte en est soigneusement fermée tous les soirs afin de protéger les troupeaux contre les audaces du lion, et les habitants contre tout acte hostile possible d'une peuplade voisine.

Les greniers à mil sont d'énormes paniers cylindriques ou tronconiques de 2 mètres de diamètre et de 2 mètres de haut. Ils sont posés sur des pilotis pour protéger leur contenu contre l'humidité, et surtout contre les rats.

Beaucoup de ces fermes renferment d'importants troupeaux.

Le chef de la ferme est en général un vieillard, une sorte de patriarche vivant au milieu de ses enfants et petits-enfants.

Ordinairement, les chefs de famille ont chacun leur petit village séparé. Ils y sont les maîtres et tout le monde ne se réunit autour du chef que dans les circonstances graves, comme une guerre.

Les villages ne connaissent que leurs voisins immédiats. Dans le Sud, les chefs portent des bonnets en paille cylindriques. Le sommet en est orné de toutes les extrémités des pailles attachées ensemble et écartées comme dans une fleur de chrysanthème.

La race laka est très belle, forte, vigoureuse. En certains points, les hommes et les femmes sont des colosses.

Les Lakas sont doux, faciles, peu féroces. Mais, au moment des récoltes, ils fabriquent des quantités de bière de mil et se grisent journellement. Ils deviennent alors agressifs et dangereux. Les guerres sont alors communes de village à village. Ils se réunissent souvent pour une fête, et, quand tout le monde a bu, cela finit par une tuerie.

Continuellement en butte aux attaques des chasseurs d'esclaves, ils se tiennent d'abord en garde contre l'étranger. Défiance, fuite ou attaque.

Dans le Nord, sur les rives du Toubouri, le Laka porte de longs cheveux qu'il orne de quelques perles de cauris retenues dans les tresses. Allongement des mèches avec des lanières de cuir noirci. La race toujours merveilleusement solide. Ordinairement pas d'armes. Armes habituelles : sagaie, arcs, couteau de jet.

Les Lakas, hommes et femmes, sont presque toujours complètement nus. Dans leur village, ils ne portent absolument rien.

Costume national : peau de cabri portée par derrière, en tablier attaché à une ceinture.

Quand ils se déplacent, ils se munissent de petites outres qui servent à contenir les provisions soit d'eau, soit de nourriture.

Les femmes ressemblent beaucoup aux hommes; elles sont carrées, solides, à grosses ossatures, sans finesse.

Les femmes du Sud et de l'Ouest ont pour tout costume une ceinture de ficelle, à laquelle, quand elles appartiennent à la classe aisée, sont enfilées des perles. Celles du Toubouri portent, par derrière, attaché à cette ceinture, une espèce d'écheveau de fibres de palmier imitant une queue de cheval et tombant jusqu'aux mollets. Les femmes ont toujours les cheveux courts et même souvent complètement rasés.

Partout bracelets de fer aux chevilles et bras.

Quand elles se présentent devant un chef, la politesse exige qu'elles ramènent en avant leur écheveau de fibres.

Elles portent un collier spécial, fer tordu en spirale et portant sur le côté une sorte de spatule ayant la forme d'un fer de hache.

Les déformations que, par suite de la mode, elles font subir à leur visage, rend leurs faces hideuses.

Les deux lèvres sont en général percées et garnies de disques ou de rondelles de bois ou de métal.

Quelques femmes toubouri se placent souvent deux bâtonnets dans la lèvre supérieure. Ils sont quelquefois longs de plusieurs centimètres et font penser à des défenses de sanglier.

La femme toubouri porte son enfant dans un grand sac, fait en général de peau d'antilope.

Elle l'aime et le soigne bien mais est peu démonstrative et elle ignore, pour lui communiquer l'expression de sa tendresse, l'usage du baiser.

Les femmes vont aux travaux du ménage. Elles ne sortent que pour aller aux champs ou puiser de l'eau à la mare voisine. Leurs jarres, faites d'argile, ont une forme assez gracieuse.

Les femmes sont achetées par leurs maris. Le prix et les marchandises d'échange varient suivant le pays : 4 à 5 cabris, 1 cheval ou 6 bœufs.

La femme Laka a le droit de posséder et ses salaires lui appartiennent, alors que chez nous nos Parlements s'efforcent d'élaborer des lois qui assurent à la femme la possession des bénéfices de son travail.

Les Lakas possèdent une race de chevaux petits, mais très résistants. Ils n'ont ni selles ni brides. Une corde servant de licol leur suffit.

Tout à côté du pays laka, entre le plateau africain et les montagnes à travers lesquelles le Bénoué cherche un chemin pour gagner le bassin du Niger, vit un peuple de race toute particulière, se distinguant de ses voisins, les Lakas de l'Est et les Foulbés de l'Ouest, par des mœurs et des coutumes bien spéciales. Ce sont les Moundans, qui ont établi leur résidence dans les vallées du Mayo-Pé ou Mayo-Kabbi, émission du Toubouri et de ses nombreux affluents.

La vallée du Mayo-Kabbi semble continuer, mais à un étage au-dessous, la dépression du Toubouri. Elle présente les mêmes aspects. La rivière s'est creusé un chenal à travers de vastes marécages et dessert un chapelet de lacs dont les principaux sont ceux de Léré et de Tréné.

Aux eaux basses, le Mogo-Kabbie n'a qu'un très faible débit d'eau. Pendant la saison des pluies il déborde et rend presque impraticable ses rives. Les affluents sont des torrents dont le passage est souvent pendant plusieurs jours impossible.

Le pays est bordé, au Sud, à l'Ouest et au Nord, par des chaînes de montagne en désagrégation, ne consistant presque plus qu'en amoncellement de blocs de granit, de grès micacés, de galets de silice, de quartz. Ce sont des terrains primaires.

Le climat est celui du centre africain : 5 mois de pluies, de juin à octobre; 7 mois de sécheresse, de novembre à mai.

Il y a très peu de forêts et les arbres dans la plaine sont plutôt rares.

On les rencontre cependant plus nombreux et de belle venue aux abords des villages. C'est sous leur feuillage que les indigènes viennent chercher l'ombre où ils tiennent leurs palabres.

Le pays est très cultivé. Ce ne sont, partout où il y a de la terre végétale, que champs de mil, d'arachides, de haricots ou de coton. Peu avant la récolte, les villages disparaissent dans les mils.

L'architecture des Moundans leur est spéciale. De loin, quand on aperçoit une construction moundan, on croit se trouver en présence d'un burgh fortifié d'autrefois.

Ce sont des tours rondes de diverses tailles et de diverses formes, réunies par des murs souvent cintrés.

Ce qui dépasse le tout ce sont des sortes de coupoles comme celles d'un observatoire. Ce sont les magasins à grain.

Le Moundan étant avant tout agriculteur, paysan, la construction importante de sa ferme est le grenier, comme en France la grange, dont le toit dépasse presque toujours celui des constructions voisines.

A l'intérieur, la tour est séparée en trois secteurs, par trois parois verticales se joignant au centre : trois secteurs, trois greniers. La coupole formant toit est percée d'un trou d'homme donnant accès dans l'intérieur. Un plancher, percé lui-même de trois trous, sépare la partie cylindrique de la partie supérieure du magasin.

Tous les greniers et toutes les tours, construits sur un cercle, entourent une cour sur laquelle les portes donnent accès. Des échelles faites de troncs d'hyphènes, avec des encoches, donnent accès sur les terrasses et à l'entrée des greniers. Sur ces terrasses les femmes mettent leur bois et différents ustensiles de ménage.

La vie des Moundans se passe, pour une grande partie, sur les terrasses. C'est de là qu'ils surveillent leurs plantations et les alentours.

Une seule porte fait communiquer l'intérieur de la ferme avec l'extérieur. Une case est à proximité et sert de corps de garde.

Le maître s'y tient habituellement. C'est de là qu'il surveille la sortie de ses femmes; c'est là qu'il reçoit ses visites.

La race moundan est très belle, bien bâtie, forte, solide, rappelant le type des autres montagnards du voisinage.

Anciennement guerriers, pillards, chasseurs, ils sont devenus agriculteurs et éleveurs. Essentiellement sédentaires, ils habitent les maisons de leurs pères et cultivent leur champ de famille.

Ce sont des paysans adorant la terre et d'infatigables travailleurs, s'occupant de leurs immenses plantations et de leurs animaux, qu'ils soignent mieux que partout ailleurs.

Au moment du travail des plantations, les villages et les villes sont vides du lever au coucher du soleil. Tout le monde est à la campagne.

Au moment de la récolte du mil, de nombreuses théories de femmes et de jeunes filles rapportent dans les villages le mil, qu'elles portent sur leurs têtes dans d'énormes paniers. Le grain est emmagasiné dans des greniers dont nous avons parlé.

On ne l'en sort qu'à mesure des besoins. Il est passé une première fois et légèrement au mortier, pour séparer la balle du grain proprement dit, puis ensuite vanné d'une façon très primitive, à l'aide de deux calebasses.

Il est ensuite broyé à l'intérieur des habitations contre une dalle placée à hauteur d'appui sur un socle en pisé et une pierre maniée par la ménagère. C'est avec la farine ainsi obtenue que l'on prépare les pâtés ou les galettes qui forment la base de la nourriture des indigènes.

Une des cultures favorite du Moundan est le coton, et nous pouvons voir là une source future de profits pour cette région.

Mais les indigènes ont déjà leur coton à eux qui donne un beau rendement. Ils savent l'utiliser; ils l'égrènent, ils le filent et ils le tissent avec des métiers rudimentaires, en étroites bandes. Ils le teignent ensuite à l'indigo.

De son coton, le Moundan fait aussi des filets, car il est pêcheur, mais pêcheur médiocre.

Après une pluie, ils vont en masse à la rivière, établissent un barrage avec des filets ressemblant à des troubles, tandis que des hommes et des enfants effrayent le poisson et le poussent vers le barrage.

Les Moundans élèvent des chevaux. Une sélection habile et un élevage rationnel pourraient donner, avec les éléments indigènes, une très belle race. A Tréné, il y a un type de chevaux dont les indigènes sont très jaloux. Ce sont de superbes animaux atteignant parfois 1^{m} 60 de hauteur. Ils sont bien équilibrés et rappellent quelquefois le beau type du cheval barbe.

Nous devons apporter notre attention sur cette question, car le pays moundan peut devenir le fournisseur du Congo.

Les bœufs sont de la race rencontrée dans tout l'Adamaoua, et qui est bien spéciale à ce pays.

Comme type, c'est un animal pas très grand (1^{m} 40), mais très long, carré de partout, large, massif et très fort.

Ses os, relativement petits et ronds et ses cornes ouvertes, montrent déjà un perfectionnement sensible.

Il est du type à bosse et celle-ci, souvent très développée, tombe sur le côté.

Il est très doux, très domestique; les taureaux servent de bêtes de bât; ils se conduisent facilement et sont très dociles.

Comme dans les pays laka, nous trouverons là, un élément très sérieux d'essor économique pour notre Congo. L'élevage est à favoriser, et nous devons assurer la sécurité et la commodité des communications avec les territoires du Sud.

Les Moundans élèvent aussi des chèvres et des moutons. Dans tous les villages, il y a de très grands troupeaux. Ce sont les enfants qui les conduisent au pâturage.

De son ancien état guerrier le Mounda a conservé les armes et la tenue de parade.

Ils ont des sagaies et des sabres de modèle foulbé. Ils portent une espèce d'arme ornée de plumes d'autruche, se couvrent de vêtements capitonnés, quelquefois de cuirasses.

Mais ils ne revêtent ces accoutrements qu'aux jours de fêtes, pour donner plus de relief à leurs fantasias.

Ils ont imité, avec des conques le tube de guerre des Foulbés, et en tirent des sons rauques qui s'entendent de très loin.

Mais ils ont perdu leur tempérament guerrier et vivent dans la paix. Les chefs ont des quantités de femmes qui toutes travaillent aux plantations, augmentent le bien-être et la richesse de la communauté.

A tour de rôle, elles sont de service auprès de leur seigneur et maître, et nous voyons ici Poutchouré, chef de Léré, accompagné de ses femmes de jour, dont l'une vient de lui bourrer sa pipe et l'autre va la lui allumer. Sa physionomie respire l'air heureux de l'homme auquel rien ne manque.

Tandis que l'homme moundan se réserve l'usage des étoffes, la femme vit nue jusqu'à son mariage et porte ensuite un sommaire vêtement.

Les femmes sont en général grandes, sveltes; elles portent les cheveux coupés courts; elles rasent le pourtour de la tête, de façon à laisser une sorte de calotte sur le sommet.

On ne les voit dehors que lorsqu'elles vont aux champs ou à l'eau. Pour contenir celle-ci, elles ont des jarres en terre cuite d'une forme toute particulière au pays moundan.

Aux jours de fêtes, elles portent en guise d'ornements un court tablier fait de perles de différentes couleurs, en général rouges, bleues et blanches.

Côte à côte avec les Moundans vivent quelques colonies de Foulbés, venus de l'Adamaoua.

On sait que les Foulbés forment un des grands peuples porteurs de l'Afrique du Nord. On n'est pas très fixé sur leurs origines. Cependant, on semble maintenant s'être mis d'accord pour les faire venir de l'Egypte et les faire descendre des anciens rois bergers. Le Foulbé ne rappelle en effet en rien les nègres au milieu desquels il vit.

Et les femmes rappellent plutôt par leurs types nos bohémiennes et gypsies d'Europe.

Ayant reconnu les pays laka et moundan, notre mission s'en alla terminer ses travaux au Tchad. Mais je n'ai point à vous parler des territoires voisins de ce lac. Ils vous ont été suffisamment décrits par d'autres. Bien avant nous, les magnifiques efforts des Gentil, des Lamy, des Robillot, etc., les avaient placés, au prix de combien de fatigue, sous la domination française.

En janvier 1907, nous reprenions le chemin du retour en Europe par le Bénoué et le Niger.

Nous avions pu accomplir dans tous ses détails la mission qui nous avait été confiée, et cela grâce à l'entrain, à la bonne humeur et à l'énergie d'officiers, de fonctionnaires, de sous-officiers et de soldats que je m'applaudis de pouvoir remercier aujourd'hui publiquement, grâce aussi à l'amabilité et à la courtoisie de nos collègues allemands, avec lesquels il nous fut facile de n'entretenir que de bons rapports, rapports qui durent toujours et dont la continuité nous est à tous une douce satisfaction.

Nous étions arrivés en Afrique par la voie qu'avaient illustrée de Brazza, Crampel, Monti, Fourreau, etc. Nous avions la joie d'évoquer encore des gloires françaises en regagnant l'Océan sur les eaux de deux fleuves où d'autres remarquables Français, Toutée, Hourst, Mizon, Lenfant, avaient déployé et affirmé au monde les magnifiques qualités d'endurance et de volonté de notre race.

Remerciements au Conférencier :

MONSIEUR,

Je suis certainement l'interprète du brillant auditoire qui vient de vous applaudir en vous félicitant vivement pour l'intéressante conférence que vous venez de nous faire entendre, et en disant que votre nom restera attaché à cette terre africaine dont vous nous avez dévoilé les mœurs. Il figurera honorablement parmi le nombre des glorieux prédécesseurs dont l'assemblée vient de saluer les noms.

Permettez-moi, au nom de la Société normande de Géographie, en vous remerciant d'être venu parmi nous aujourd'hui, de vous remettre la médaille grand module qu'elle a l'habitude d'accorder à ceux des explorateurs les plus distingués, les plus éminents de notre pays, qui lui font l'honneur de venir lui raconter le résultat de leur mission.

Je suis convaincu d'être son interprète en vous félicitant à nouveau de la vaillance, du courage que vous avez montrés au cours de l'œuvre bien française que vous avez accomplie dans ces pays inexplorés et en vous félicitant aussi d'avoir échappé, ainsi que la plupart de vos camarades, aux périls de toutes natures que vous avez eus à surmonter pour mener à bien la mission que la France vous avait confiée.

Au nom de tous, merci !

www.ingramcontent.com/pod-product-compliance
Lightning Source LLC
LaVergne TN
LVHW020244230826
846091LV00006B/2241
* 9 7 8 2 0 1 1 7 5 8 6 2 0 *